中国骄傲　主编 柳建伟

中国女排——巾帼英雄

北京时代华文书局

《中国骄傲》系列图书编委会

主　　编：柳建伟
编　　委：王晓笛　李西岳　杨海蒂　宋启发
　　　　　张洪波　张　堃　陈怀国　董振伟
特邀顾问：丁　宁　邓琳琳　许海峰　郑姝音
　　　　　赵　帅　徐梦桃　傅海峰　魏秋月
特邀专家：王　姗　王　海　江斌波　安　静　李尚伟
　　　　　李　震　何晓文　庞　毅　崔　莉　魏旭波

（按姓氏笔画排序）

写在前面

《中国骄傲》，如何诞生？

1984年洛杉矶夏季奥运会，许海峰一声枪响震惊世界，为中国体育代表团摘得奥运首金。自1984年起，中国体育代表团已经全面参加十届夏季奥运会，中国一步步成长为世界竞技体育强国。在这个过程中，中国体育健儿留下了无数值得铭记的经典瞬间。中国体育健儿的赛场故事，是动人、励志、具有感染力的；中国体育的荣誉瞬间，是辉煌、耀眼、增强民族自信心、提升民族自豪感的……

光阴似箭，40年已过，2024年，又是一个"奥运年"。值此之际，我们希望有一套图书可以传承中国体育的拼搏精神，可以让孩子们铭记动人的体育英雄故事，可以帮助孩子们树立正确的价值观、选择合适的励志榜样……《中国骄傲》系列图书应运

而生。我们希望用这套图书播下体育强国梦的种子，我们期待这套图书让中国的体育英雄故事跃然纸上，我们憧憬这套图书让更多的孩子爱上体育……

《中国骄傲》，内容如何构成？

中国体育代表团的征战史无比灿烂，中国体育健儿的传奇征途无比辉煌，有限的篇幅难以展现全部。在此我们只能选取部分体育项目和部分运动员的故事重点描绘，在这里没有先后、主次排名，只有我们对每一个"中国骄傲"无比的敬意。

目前《中国骄傲》系列图书有十册呈现给读者，分别是：《中国女排》《中国乒乓》《中国跳水》《中国田径》《中国射击》《中国游泳》《中国体操》《中国羽毛球》《中国时刻》《中国冬奥》。

《中国骄傲》，一直在路上……

未来，《中国骄傲》系列图书也将努力呈现中国体育更多的动人篇章，包括夏奥会、冬奥会、残奥会等，我们致敬所有为中国体育倾情付出的传奇英雄。《中国骄傲》系列图书就如同体育赛场的"中国骄傲"，一直在路上……

中国女排，巾帼英雄！

排球是一项对运动员身高、力量、弹跳和技巧要求极高的团体运动，和足球、篮球并称为"三大球"。中国女排是中国体育史上最具代表性的团体之一，曾十次获得世界冠军，其中包括三次奥运会冠军。

1976年，袁伟民开始担任中国女排主教练，在1979年的亚洲女排锦标赛中，中国女排击败当时的世界强队日本女排，首次问鼎亚洲。

进入20世纪80年代，中国女排迎来全面腾飞的时代。她们在世界杯、世锦赛和奥运会这三项规格最高的女排比赛中所向披靡，缔造五连冠

壮举。无数国人见证了中国女排的耀眼征程。

进入21世纪后，中国女排又在2004年雅典奥运会和2016年里约奥运会问鼎。

在中国女排取得荣耀的过程中，"祖国至上、团结协作、顽强拼搏、永不言败"的女排精神，更是给予全国人民巨大的鼓舞。女排精神代代相传，极大地激发了中国人的自豪感和自信心。

《中国女排》以女排精神贯穿中国女排20世纪80年代的五连冠以及21世纪的两次奥运摘金征途，重现这段波澜壮阔的历史，并讲述袁伟民、陈忠和、郎平、朱婷、魏秋月等一代代中国女排人的拼搏故事。

卷首语
破茧成蝶，震惊世界

袁伟民组建的全新的中国女排，
缔造了极其辉煌、难以复制的五连冠纪录。
电视机和收音机前，城镇乡村万人空巷，
无数国人见证了中国女排的崛起。
她们顽强战斗、勇敢拼搏、为国争光，
她们在五星红旗下的美丽笑脸，
让中华儿女激情澎湃、喜极而泣。

陈忠和奉命于危难之间，
率领中国女排两夺世界冠军重回巅峰。
2004年雅典奥运会决赛，
中国女排在绝境之中演绎荡气回肠的"史诗级"逆转。
神话诞生之地见证中国女排的壮举，
"微笑教头"泪洒夺冠现场。

中国女排涅槃重生，再登奥运之巅，
振奋了又一个时代的中国人。

郎平挽狂澜于既倒、扶大厦之将倾，
率领中国女排三夺世界冠军。
球员时代，她是战无不胜的"铁榔头"；
教练生涯，她是万众期待的"救世主"。
朱婷扛起进攻大旗，
用一记记重扣助中国女排在里约奥运演绎超级翻盘。
从无人看好到勇毅前行，
中国女排在新时代又一次迸发出催人奋进的力量。

"三大赛"（奥运会、世锦赛、世界杯）豪取十个冠军，
中国女排捍卫中国体育集体项目的荣耀，
一代代中国女排运动员把拼搏精神如钉钉子般敲进人生，
铸就了"祖国至上、团结协作、
顽强拼搏、永不言败"的女排精神，
这种精神成为亿万中国人心底爱国主义的象征，
其影响力远远超出了体育本身。

目 录

1

第一章

巅峰荣耀
——五连冠载入史册

17

第二章

史诗逆转
——在希腊演绎神话

33

第三章

超级翻盘
——里约再演奇迹夺冠

49

第四章

女排传奇
——郎平

65

第五章

最强主攻
——朱婷

81

伟大传承
——中国女排英雄

102

致敬
女排英雄谱

106

排球小百科

简陋的竹棚训练馆和粗糙的木地板，见证了中国女排的荣耀之路。"三大赛"五连冠不仅是中国体育史上最耀眼的巅峰，更是世界体育史上的奇迹。正是中国女排的姑娘们在泥泞中奋勇拼搏、迎难而上，才铸就了五连冠的辉煌。在这一刻，女排精神感染了无数国人，成为一个时代精神的象征。

第一章

巅峰荣耀
——五连冠载入史册

1981年　世界杯
1982年　世锦赛
1984年　奥运会

1985年　世界杯
1986年　世锦赛

"魔鬼训练"！
中国女排为冠军拼了

1976年，袁伟民出任中国女排主教练，组建了一支全新的队伍。彼时世界女子排坛豪强林立，相比之下，中国女排实力和经验都不尽如人意，想在短时间内拥有竞争力，苦练是唯一的途径。

在那个物质条件匮乏的年代，中国女排的训练馆是用竹子搭的竹棚。粗糙的木地板上有很多刺，女排姑娘们倒地救球时，这些刺有时会扎进她们的肉里。但姑娘们苦中作乐，每天训练完后还要比比谁身上的"刺"更多。

为了能快速弥补与世界强队的差距，袁伟民从全国各地方队挑选男运动员，让他们担任中国女排的陪练。男运动员发球和扣球时，球速更快、力量更大，更有利于中国女排快速提升水平。后来的中国女排主教练陈忠和便是当时的陪练员之一。

经过3年的苦练，中国女排在1979年亚锦赛中夺冠，随后袁伟民和他的队员们便将目光瞄准世界舞台。1981年女排世界杯，中国女排将在赛场上所向无敌，震惊世界。

世界冠军！
女排精神鼓舞亿万人民

世界杯前五战，中国女排打出五个3比0，所向披靡，剑指冠军。第六战面对美国队，中国女排3比2险胜。末轮对阵日本队，按照积分规则，中国女排只需要赢下2局，就能拿下世界冠军。

当地时间11月16日，中日女排的较量展开。比赛的开局出乎意料的顺利，中国女排分别以15比8和15比7赢下前2局，轻松将冠军收入囊中。但随后，已经夺冠的中国女排连续输掉2局，又在决胜局的开局陷入落后局面。

袁伟民果断叫了暂停，他眼睛通红、

嘴唇颤抖，对中国女排的姑娘们吼道："你们今天（要是）把这场球输了，会后悔一辈子！"从未见过教练如此激动的女排姑娘们，此时如梦方醒。她们重新找回精气神，以17比15惊险赢下决胜局，总比分3比2击败日本女排。

7战全胜，中国女排拿下1981年女排世界杯的冠军！这是中国在"三大球"（足球、篮球、排球）项目中的首个世界冠军。 亿万中华儿女守在电视机和收音机前，见证了这个鼓舞人心的历史时刻。

强势反弹!
中国女排再夺世界冠军

1982年,带着亿万国人的期待,中国女排踏上了世锦赛的征程,这一次她们的夺冠之路并非一帆风顺。

虽然小组赛前两战,中国女排均以3比0取胜,但末轮面对美国队,中国女排0比3输掉比赛。想要进军四强,中国女排在第二阶段小组赛不仅要全胜,还得以3比0取胜,争取"小分"优势。

绝境之中,中国女排彰显出坚韧不拔的斗志,她们在第

二阶段小组赛中打出了四个3比0，强势反弹，杀入四强。**半决赛3比0战胜日本队、决赛3比0战胜东道主秘鲁队，一度濒临出局的中国女排以一波六连胜拿到了世锦赛冠军。**

从组队到两夺世界冠军，中国女排用6年时间书写了世界体坛的奇迹，接下来她们将要征服奥运会。1984年洛杉矶奥运会，中国女排再度和美国队分在同一小组。以两个3比0击败同组其他对手后，中国女排迎来与美国队的苦战。世锦赛输球的教训历历在目，赛前袁伟民要求队员们自信、集中精力、主动去和对方拼抢。

"神来之笔"!
奇兵立功扭转颓势

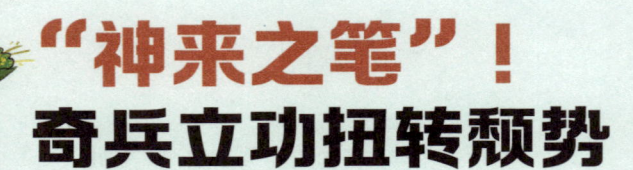

中国女排的姑娘们一度很好地执行了教练布置的战术,她们在第二局以15比7的悬殊比分取胜。但在第一局、第三局和第四局的关键时刻,中国女排都未能顶住压力,分别以2分、2分和3分的微弱差距惜败。不过,再次负于美国队并未让中国女排一蹶不振,晋级淘汰赛后,她们高歌猛进,杀入决赛。决赛的对手依旧是美国队。

面对占据天时、地利、人和的对手,面对连续战胜自己的对手,中国女排迎难而上,在首局一度以14比9领先。

胜利唾手可得，中国女排却没有守住来之不易的优势，美国队奋力追击，将比分追至14平。**此时袁伟民送上"神来之笔"——将美国队并不熟悉的侯玉珠换上场。**侯玉珠登场之后送上一记精彩的发球直接得分，这价值连城的1分止住了中国女排的颓势，最终她们以16比14惊险地拿下首局。

赢下关键的一局后，士气大振的中国女排彻底找回了状态，以15比3的悬殊比分再下一城。

奥运冠军！
中国女排缔造神迹

决赛第三局，中国女排依靠出色的发球、重扣以及默契的团队配合，取得了14比5的领先。虽然美国女排连追4分，但关键时刻，张蓉芳送上制胜一击，中国女排以15比9赢下第三局，总比分3比0击败美国队，夺得了奥运冠军。**中国"三大球"的首枚奥运金牌诞生了。中国女排实现"三大赛"三连冠，缔造了辉煌的壮举。**

奥运会后，张蓉芳、周晓兰等老将退役，袁伟民也被调离中国女排，昔日的副教练邓若曾成为主教练。经历新老交替的中国女排，在1985年女排世界杯中依旧战无不胜，她们豪取七连胜且仅丢1局，又一次登上世界之巅。至此，中国女排豪取"三大赛"四连冠。

1986年女排世锦赛，中国女排面临前所未有的困难。主教练邓若曾因身体原因离任，已经退役且有孕在身的张蓉芳成为中国女排新任主教练。

传奇一冠!
中国女排创史诗壮举

　　但这未能阻挡中国女排前进的步伐。她们在小组赛中连战连捷,以6战全胜的战绩进军淘汰赛。随后,她们在半决赛中以3比0战胜秘鲁队。

　　决赛面对"新贵"古巴队,中国女排毫不手软,以3比1再度取胜。这届世锦赛,中国女排以8战全胜的战绩拿到冠军。**从1981年到1986年,中国女排实现了史无前例的"三大赛"五连冠。** 从1976年组建全新的队伍,到1986年实现五连冠壮举,女排姑娘们把拼搏精神如钉钉子般敲进人生。"祖国至上、团结协作、顽强拼搏、永不言败"，女排精神揭示了她们能够长盛不衰的精神密码。

　　1980年前后的中国，处于改革开放初期，整个国家都在努力追赶与世界的差距，中国女排夺得世界冠军的辉煌壮举，给全国人民带来了巨大的鼓舞。"女排精神"自此成为奋勇拼搏、迎难而上的时代精神的象征，成为民族精神的旗帜，鼓舞了无数中华儿女投入建设祖国的洪流之中。

五连冠举世无双！

1981年	世界杯	1985年	世界杯
1982年	世锦赛	1986年	世锦赛
1984年	奥运会		

首战，折损核心；决赛，陷入绝境。而"史诗级"逆转，便是中国女排在困境中给出的答案！2004年雅典奥运会的赛场上，中国女排在绝境之中迸发出惊人的战斗力，再次彰显了"祖国至上、团结协作、顽强拼搏、永不言败"的女排精神。张越红惊天一扣定乾坤，中国女排用一场不可思议的逆转，重新站上了奥运之巅。

第二章

史诗逆转
——在希腊演绎神话

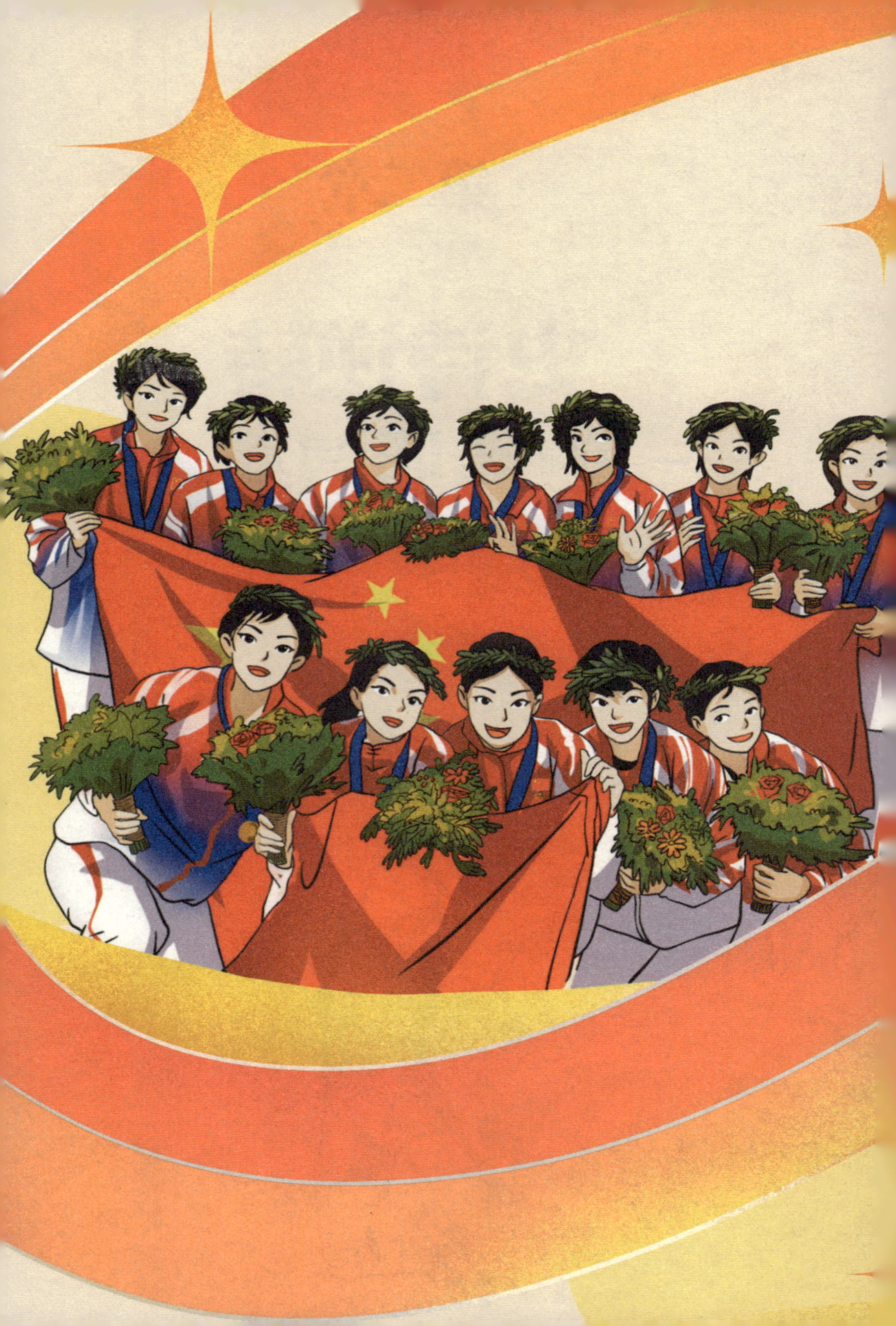

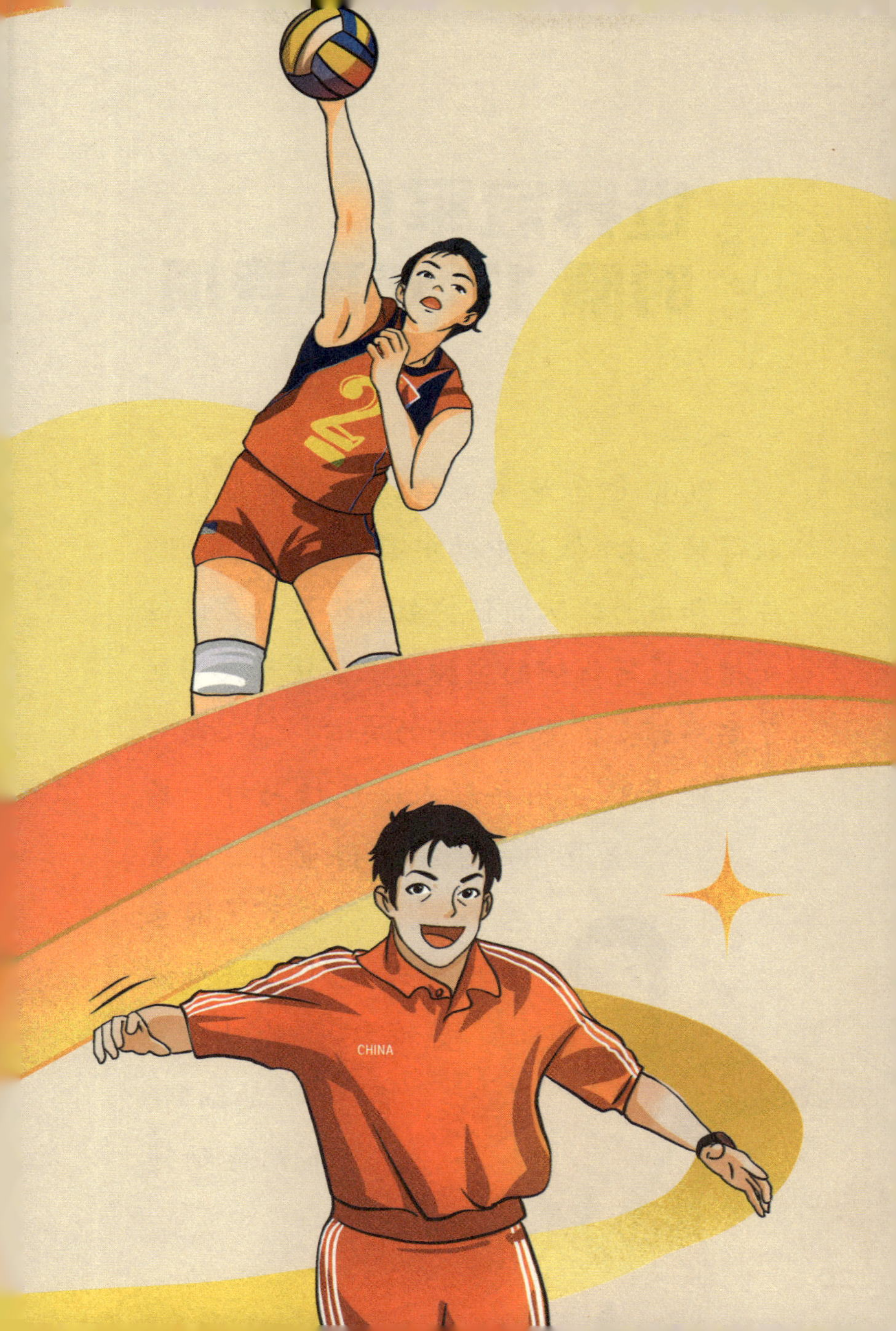
CHINA

世界冠军！
时隔 17 年再登顶

2000年悉尼奥运会，中国女排仅仅取得第5名。低谷中的中国女排决定换帅，陈忠和成为球队新任主教练。这位见证过女排五连冠辉煌的主帅，上任伊始便彰显了要率领女排重返巅峰的决心。

他大胆起用年轻人，包括冯坤、杨昊在内的小将获得重用。他重整队风，制定了《国家女排管理细则》，这个被女排队员称为"27条军规"的细则，事无巨细地对女排姑娘们的训练和生活提出了严格的要求。他对待工作极其认真，每天训练完晚上躺在床上想的还是训练。

陈忠和的努力收到了回报。2003年女排世界杯，中国女排表现非常出色。她们首战逆转战胜巴西队，随后又3比0击败过去三届奥运会女排冠军古巴队，一路高歌猛进。

当地时间11月15日，最后一战面对东道主日本队，中国女排3比0战胜对手。最终，中国女排取得11胜0负、仅丢4局的傲人战绩，拿下2003年女排世界杯的冠军。**自1986年世锦赛登顶之后，中国女排时隔17年再夺世界冠军。**

出师不利！
绝对主力重伤离场

携世界杯登顶之势，中国女排出征雅典，开启2004年奥运会的征程。**但坏消息不期而至，中国女排的绝对主力赵蕊蕊开局就遭遇重伤。**

2003年世界杯夺冠历程中，身高1.97米的赵蕊蕊，无疑是中国女排的重要功臣。她在世界杯中总计拿到161分，领跑中国女排，她的扣球成功率更是高达61.34%，高居女排世界杯所有参赛球员中的第一名。

但在2004年雅典奥运会前，赵蕊蕊遭遇了骨折。为了能和队友们并肩作战，她忍着剧痛努力进行康复训练,终于赶上了比赛。首战美国队,伤愈复出的赵蕊蕊首发登场。但比赛刚开始,赵蕊蕊就在一次起跳落地之后再次骨折,被工作人员抬出了场地。

中国女排开局遭遇晴天霹雳,绝对主力受伤,让她们的雅典征程蒙上了一层阴影。

多年以后再次回忆起赵蕊蕊的这次伤病,陈忠和依旧非常愧疚,他甚至还曾公开向赵蕊蕊道歉,当面对她说了一声对不起。

横扫劲旅！小组第一昂首晋级

意外并没有让中国女排阵脚大乱，张萍临危受命，替补登场。这位女排奇兵同样饱受伤病困扰，赛前她为了止疼，还打了封闭针。

面对世界强队美国队，中国女排彰显了绝对的实力，替补登场的张萍拿到全队第二高的17分，杨昊更是拿到全队最高的20分。最终，中国女排以3比1战胜了美国队。

取得开门红之后,中国女排又以3比0击败了多米尼加队。尽管第三战以2比3惜败古巴队,但中国女排迅速做出了调整。3比0击败德国队后,中国女排已经取得了3胜1负的战绩。

末轮,中国女排对战同样取得了3胜1负的俄罗斯队。然而,这场赛前被视作巅峰对决的较量却呈现出一边倒的态势。

中国女排出色的快球让人高马大的俄罗斯队无所适从。3比0!中国女排击败俄罗斯队,小组赛取得4胜1负的战绩。**在豪强林立的"死亡之组"中,折损绝对主力的中国女排,仍然展现了惊人的战斗力。**

挺进决赛！
困境之中险胜强敌

以B组第一的成绩闯入淘汰赛后，中国女排将在八强战面对A组第四的日本队。在绝对实力的"加持"下，中国女排以3比0毫无悬念地战胜了日本队。

真正的挑战来了——中国女排在半决赛的对手是古巴队。中国女排小组赛唯一的败仗，正是拜古巴队所赐。

前两局，中国女排打得顺风顺水，以25比22和25比20连下两城。但随后，身体素质占优的古巴队用出色的发球和强攻破坏了中国女排的一传和防守。形势急转直下，中国女排以17比25和23比25

连丢两局，已是"命悬一线"。

困境之中，队长冯坤站了出来！决胜局开局，作为二传手的冯坤先是罕见地扣球得分，随后和刘亚男连续两次双人拦网得手，两人联手组成了让古巴队难以逾越的"叹息之墙"。

冯坤的爆发让中国女排一扫阴霾，也让古巴队的士气一落千丈。**中国女排开局取得 5 比 1 的领先，并牢牢把握住优势，最终以 15 比 10 拿下决胜局，总比分 3 比 2 惊险取胜，挺进决赛！**

1 陷入绝境！
再丢 2 分就输掉比赛

　　当地时间8月28日，2004年雅典奥运会女排决赛打响，中国女排再战俄罗斯队。前两局，中国女排都率先拿到了局点，但又都错失了关键分。而俄罗斯队则凭借身高2.02米的核心球员叶卡捷琳娜·加莫娃的出色表现，以30比28和27比25连胜两局。**中国女排陷入0比2落后的绝境。**

　　陈忠和果断调整战术，派对手并不熟悉的主攻手张越红上场。张越红成为奇兵，中国女排以25比20扳回一局。

　　关键的第四局，中国女排一度领先

却被对手反超，加莫娃发球直接得分后，俄罗斯队以23比21领先。陈忠和将手放到了暂停铃的旁边，他犹豫了一下，没有暂停，他选择相信队员的调整能力。

局势的转变让俄罗斯队始料未及。在逆境之中，中国女排爆发出惊人的战斗力。**周苏红、张萍连续重扣得分，冯坤和张萍联手拦下对手的进攻，杨昊最后一球一锤定音。**

再输2分就将输掉整场比赛的中国女排，连得4分上演惊天逆转，以25比23再胜一局。双方总比分战成2比2，比赛来到决胜局！

命悬一线！

奇迹扳平！

超级逆转！
中国女排缔造奇迹

决胜局，中国女排的姑娘们彻底打出了状态，每一次得分，她们都欢呼雀跃着庆祝，整个体育馆都被她们的激情点燃。最后一球，中国女排连续三次将进攻机会给到张越红。**这位奇兵毫不手软，第三次重扣直击对手空当。排球应声落地，15比12，中国女排拿下决胜局！**

即使在困境之中也永远保持淡定和微笑的陈忠和，此时再也压抑不住激动的情绪，和教练组其他人一起冲进了赛场。女排将帅们抱头痛哭，庆祝这场跌宕起伏的胜利。

1984年洛杉矶奥运会夺冠之后，中国女排时隔20年再夺奥运冠军。她们在绝境之中再度彰显了永不言败的女排精神，上演了世界女排史上罕有的"史诗级"逆转。

　　本届比赛，冯坤凭借优异的表现当选最有价值球员。她对着人群高喊："**我们中国是最棒的！**"这支年轻的中国女排，大破大立之后，以王者姿态连夺两项世界大赛的冠军。**中国女排，傲视群芳，重现昔日荣光！**

小组赛2胜3负,淘汰赛遭遇强敌,首局崩盘,次局再次陷入落后局面,对中国女排来说,出局似乎已成必然,金牌仿佛遥不可及。但郎平妙手换人吹响反击号角,朱婷一往无前扛起进攻大旗,中国女排在绝境之中爆发,缔造了超级翻盘。里约奥运之旅困难重重,但中国女排顽强拼搏,永不放弃,最终上演夺冠奇迹,书写了一段荡气回肠的动人篇章。

第三章

超级翻盘
——里约再演奇迹夺冠

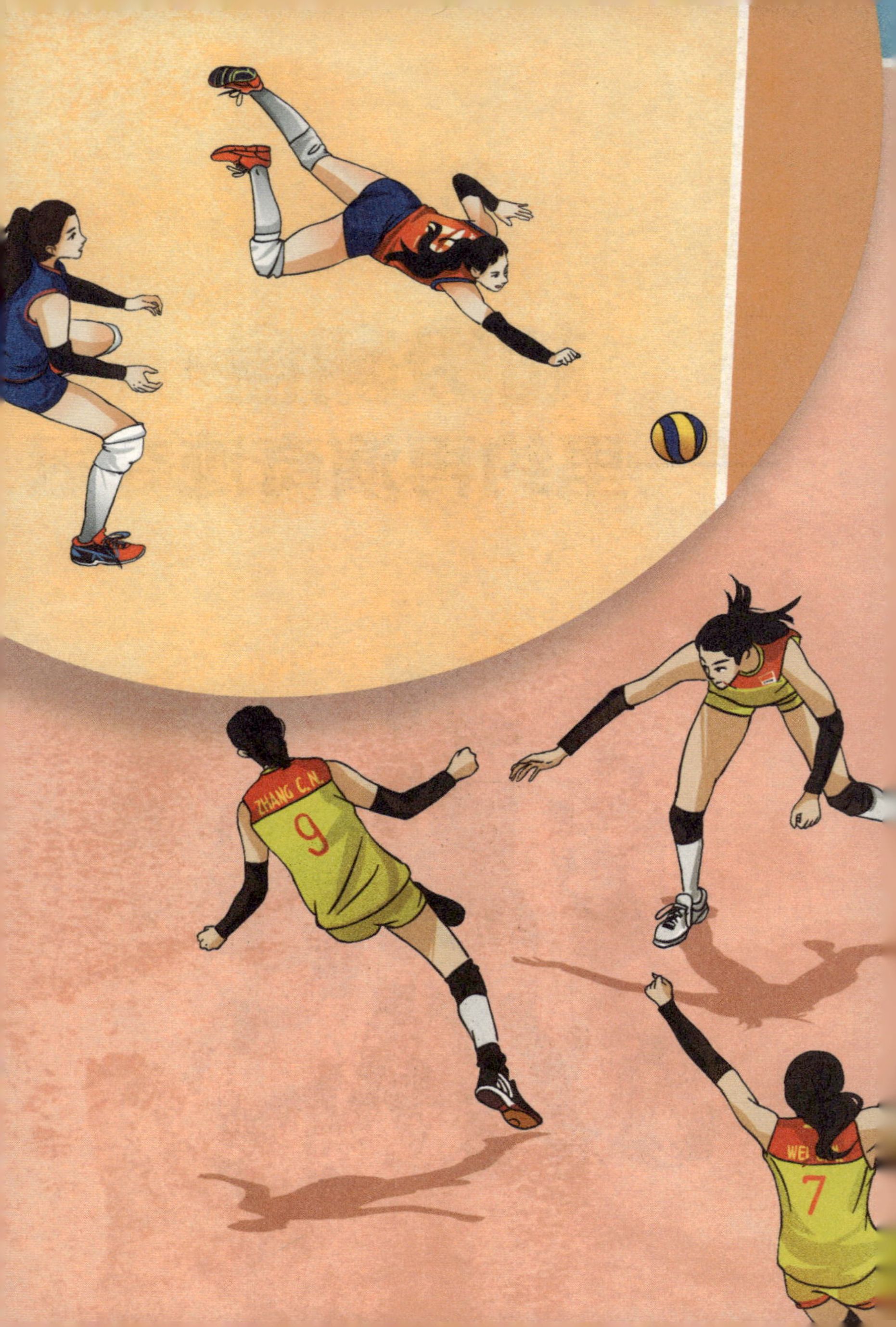
ZHANG C.N.
9
7

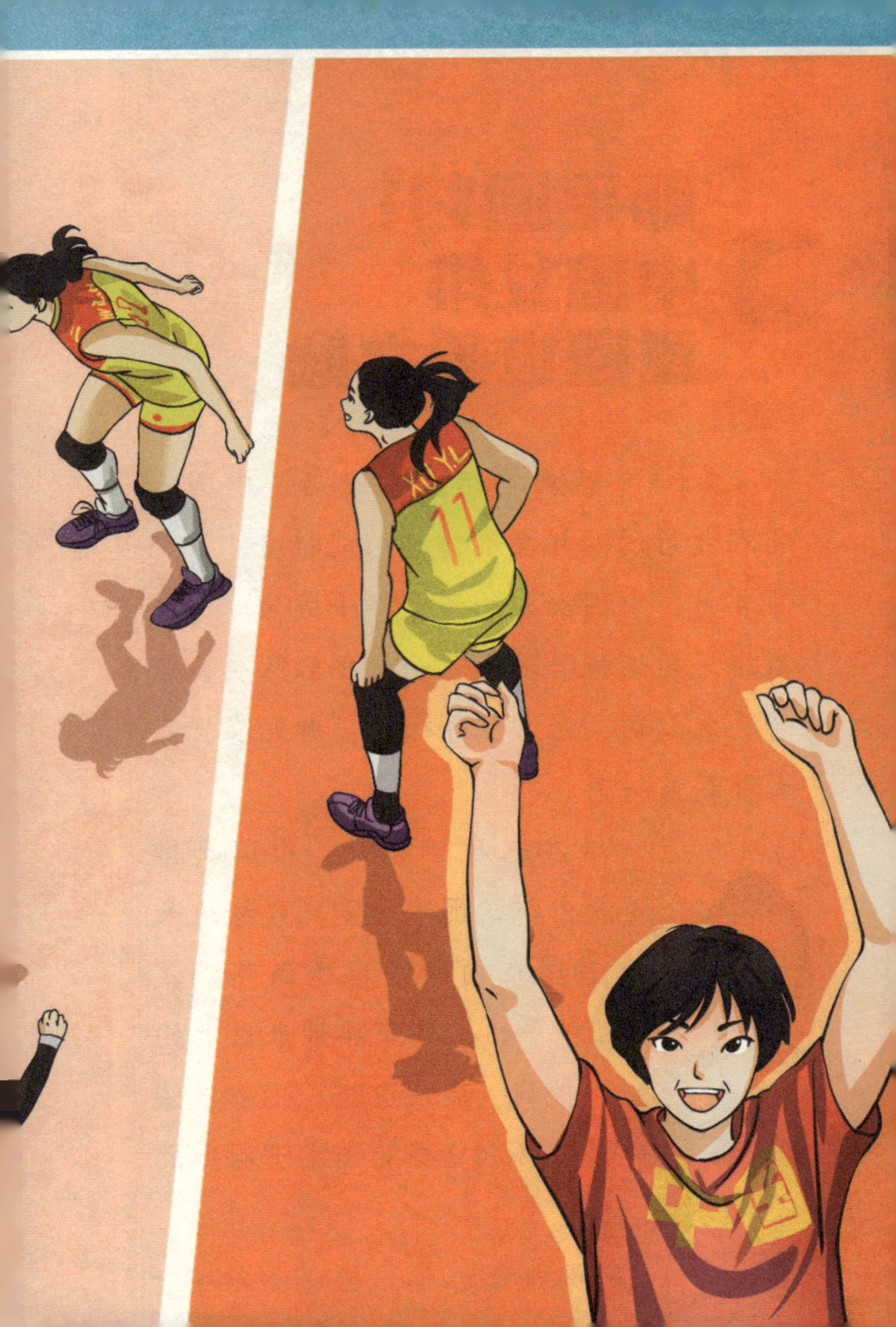
XU Y.L
11

郎平回归！
中国女排重回世界之巅

2004年雅典奥运会夺冠后，中国女排在之后的两届奥运会都未能摘金。2013年4月，中国女排的传奇郎平成为球队主教练。她选拔并培养了一批年轻队员，朱婷、袁心玥、张常宁等小将，开始在世界大赛崭露头角。

2015年世界杯，中国女排还没出征就困难重重。包括队长惠若琪在内的多人遭遇伤病，给郎平的排兵布阵带来巨大的挑战。**就在这时，20岁的朱婷和19岁的张常宁挺身而**

出。首战面对塞尔维亚队，中国女排先丢1局后完成逆转，总比分3比1取得开门红。随后她们以3比0击败阿尔及利亚队，又在输给美国队后迅速反弹，豪取七连胜。

当地时间9月6日，9胜1负的中国女排最后一站迎战日本队，只有赢球才能夺冠。**朱婷和张常宁惊人的进攻火力让对手无从招架，中国女排以3比1战胜日本队。**年轻小将们重现了女排前辈们的辉煌，以10胜1负的战绩再夺世界杯冠军，朱婷当选最有价值球员。

郎平在低谷中接手球队，仅用短短29个月便力挽狂澜，让中国女排重回世界之巅。

惊险晋级！中国女排曲折中前行

虽然中国女排前一年刚刚拿到世界冠军，但她们在2016年里约奥运会被分到了"死亡之组"，征程非常坎坷。

首战面对荷兰队，年轻的中国女排就"交了学费"，在第三局以25比18轻取对手、总比分2比1领先的大好局面下，中国女排遭到对手逆转，以2比3遭遇"开门黑"。

随后，中国女排迅速调整状态，连续以3比0战胜意大利队和波多黎各队，但没人会想到，这两场胜仗居然是中国女排在小组赛中仅有的胜利。

小组赛最后两轮，中国队先是以0比3败给塞尔维亚队，随后又以1比3败给了美国队。

5场小组赛战罢，中国女排仅仅取得2胜3负的战绩，以小组第四的成绩从B组惊险突围。 她们在八强战的对手是过去两届奥运会女排冠军、本届奥运会的东道主、小组赛5战全胜一局未丢的巴西队。在小组赛状态、整体实力以及当时球员的奥运会经验等层面，巴西队都强于中国女排。

彼时，没有人认为中国女排能爆冷。

中国 2
荷兰 3

中国 0
塞尔维亚 3

中国 1
美国 3

淘汰赛逆袭？

濒临绝境！
中国女排杀出奇兵

当地时间8月16日，中国女排和巴西队的决战打响。巴西队拥有主场优势，现场球迷的助威声震耳欲聋，不少巴西球迷对着中国女排大喊"Go home"（回家）。

比赛的进程似乎也印证了双方的实力对比，巴西队首局以25比15轻松取胜，次局又以21比18领先，中国女排的出局似乎不可避免。

绝境之中，郎平果断变阵，"重炮手"刘晓彤登场，比赛的局势就此发生变化。登场之后，刘晓彤迅速发挥作用，她通过重扣得分，帮助中国队追平了比分。**双方**

战至23平后，刘晓彤连续两个漂亮的发球破坏了巴西队的进攻。中国女排凭借朱婷的一次重扣和一次拦网，实现了神奇的逆转。

在首局失利、次局濒临绝境的情况下，中国女排以25比23拿下第二局，扳平总比分。随后的第三局，郎平的变阵继续起效，朱婷、刘晓彤频频利用重扣得分，中国女排以25比22再下一城。

2比1！中国女排在客场顽强地反超了比分。

第四局，巴西队孤注一掷，以25比22扳回一城，双方的总比分来到2比2，惊心动魄的决胜局来了！

制胜一击!
中国女排险胜巴西队

决胜局的激战让人窒息,双方比分紧咬,连拉开2分差距都变得极其艰难。关键时刻,中国女排的王牌朱婷连续两次重扣得手,将场上比分变成12比10。

镜头给到场边观战的巴西小球迷,他已经满脸泪水,甚至不敢睁眼看比赛。随后,巴西队将比分追至13比14,郎平果断叫了暂停。她在暂停时给中国女排布置了非常清晰的进攻战术。

决胜时刻来临,魏秋月稳稳组织进攻,朱婷从后排跃起,怒吼着送上重扣,巴西队拦网出界,中国女排以 15 比 13 赢下决胜局,

总比分 3 比 2 淘汰巴西队!

中国女排姑娘怒吼着、雀跃着、拥抱着，喜极而泣。与她们隔网而立的巴西队球员，此时则满脸沮丧、沉默不语。看台上热烈庆祝的中国球迷，也与大量垂头丧气的巴西球迷形成了鲜明的对比。

没有人想到中国女排会赢，但她们已经习惯了创造奇迹。

杀入决赛！
中国女排高歌猛进

半决赛，中国女排的对手是曾在小组赛中战胜过自己的荷兰队。首局，中国女排曾以24比20领先，但荷兰队一路顽强追击，直至朱婷连续两次扣球得分，中国女排才以27比25险胜。随后，荷兰队扳回一局。

第三局开局，荷兰队取得6比0的领先优势。关键时刻，朱婷力挽狂澜，帮助中国女排拿到一分，打破僵局。最后时刻，又是朱婷的扣球让中国女排以29比27惊险胜出。第四局更加激烈，双方一路激战至23平。**此时，龚翔宇用一记重扣帮助中**

国女排拿到赛点，队长惠若琪送上制胜一击，中国女排以 25 比 23 取胜，总比分 3 比 1 击败荷兰队。

赛后，即便是经历过无数大风大浪的郎平也直呼心脏受不了，面对激烈的场面，她不断鼓励球员："打一分赚一分，中国女排是最坚强的，我们一起顶！"

中国女排决赛的对手是同样在小组赛中战胜过自己的塞尔维亚队，但经历过两场淬炼的中国女排如今已是一支"王牌之师"。

奥运金牌！
中国女排第三次问鼎

当地时间8月20日，2016年里约奥运会女排决赛打响。首局，中国女排以19比25失利。第二局，她们在开局就取得了15比9的巨大优势，最终以25比17扳平总比分。

第三局，中国女排一度以20比12领先。但场上风云突变，塞尔维亚队频频利用强攻取分，一路追至22比23。关键时刻，又是朱婷挺身而出。她先是在乱战中果断重扣取分，随后又发球直接得分，帮助中国女排以25比22惊险取胜，总比分2比1领先。

第四局，朱婷犀利的重扣和对手的失误让中国女排以24比23领先，取得赛点。决胜时刻，郎平再现功力，换上了张常宁。张常宁的发球落点极其刁钻，对手垫球过网送上"大礼"，惠若琪重扣一锤定音，中国女排以25比23拿下第四局，总比分3比1战胜塞尔维亚队拿到冠军！

此时，女排姑娘们紧紧拥抱在一起，庆祝这场来之不易的胜利。中国女排，第三次站上奥运之巅。这面中国"三大球"的旗帜，这面中国体育的旗帜，一直傲然矗立。

运动员生涯,她是让对手胆寒的"铁榔头",一次次起飞重扣,让中国女排傲立世界之巅。教练员生涯,她是让球迷欢呼的"救世主",一次次力挽狂澜,让中国女排从低谷重回巅峰。郎平,中国女排的传奇,女排精神的完美诠释者。

第四章

女排传奇
——郎平

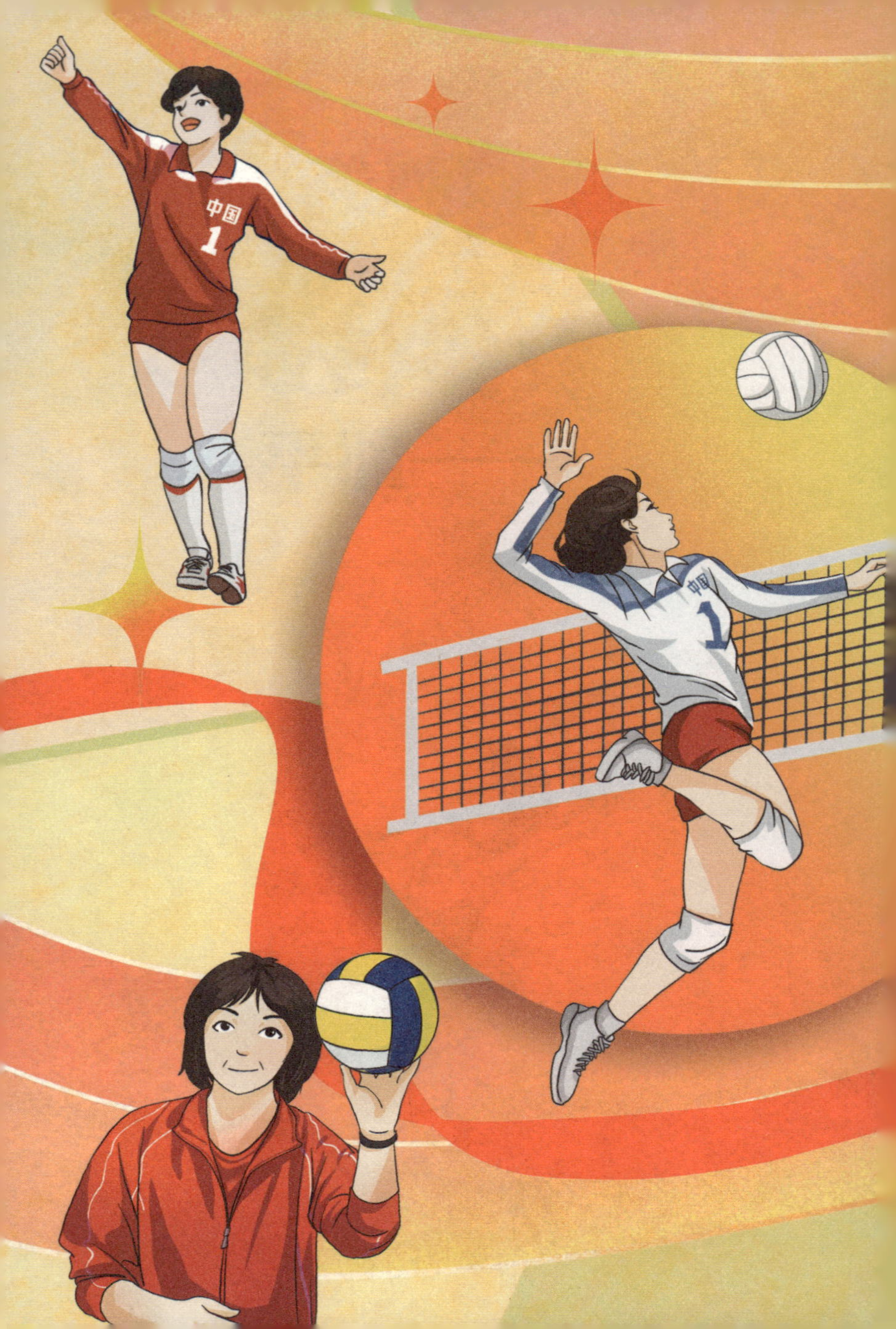
中国
1
中国
1

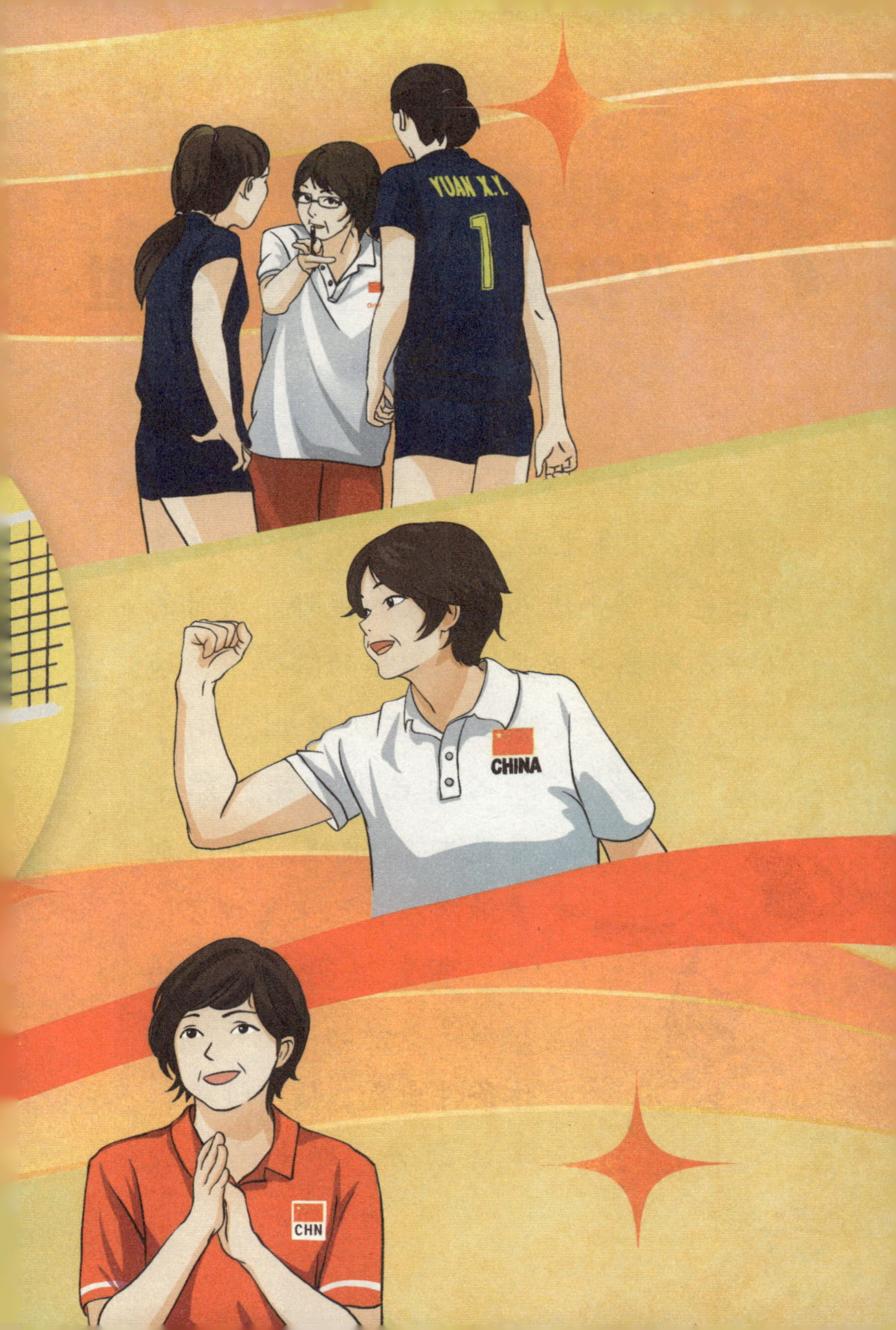
YUAN X.Y.
1
CHINA
CHN

王牌主攻！
"铁榔头"横空出世

1976年，袁伟民重新组建中国女排国家队。2年之后，身高1.84米、身体条件出色的郎平进入袁伟民的视野。彼时的郎平刚刚高中毕业，在姐姐的陪伴下，她来到国家队集训。由于担心自己被淘汰，郎平特地叮嘱姐姐，千万别告诉别人自己来集训了。

事实证明，郎平的担心是多余的。先天的身体条件出色、技术过硬、训练刻苦，郎平迅速成为中国女排不可或缺的"秘密武器"。有了她的中国女排在1981年世界杯和1982年世锦赛中接连夺冠。

两次征程中，郎平不仅随队取得了至高的团队荣誉，在个人荣誉层面也是收获颇丰。1981年世界杯，她荣膺优秀运动员称号，1982年世锦赛，她更是当选最有价值球员。

即便是面对身体素质出色的欧美强队球员，郎平也毫无惧色。一次次的关键重扣得分，让她收获了"铁榔头"的称号。在即将到来的1984年洛杉矶奥运会，她将再次证明"铁榔头"的威力。

奥运冠军！郎平送关键重扣

1982年世锦赛，中国女排虽然夺冠了，但在小组赛中曾败给美国队。1984年洛杉矶奥运会，中国女排又一次在小组赛中输给美国队。

因此，当两队在决赛中再度相遇时，美国队可谓信心满满。主场作战的美国队，甚至在运动员入口的大屏幕上，准备好了教练与运动员佩戴金牌的照片，等待夺冠后发出。

郎平颇为不服气，她指着照片跟队友们说："咱们得把挂在他们脖子上的金牌摘下来！"

决赛首局，中国女排陷入鏖战，一度取得14比9领先的她们被追成14平。关键时刻，郎平重扣得分，中国女排以16比14险胜，拿下首局。这局的胜利让中国女排找回了状态，随后两局，她们没有给对手任何机会，以15比3和15比9轻松取胜，总比分3比0击败美国队。

中国女排夺得奥运冠军，在其中发挥了关键作用的郎平，毫无悬念地当选最有价值球员。连续三届大赛帮助球队夺冠，并且连续两届大赛收获最有价值球员的荣誉，郎平来到了职业生涯辉煌的巅峰。

力挽狂澜！主帅郎平

1985年，郎平随队在世界杯赛场实现卫冕。1986年世锦赛，已经退役的郎平并未登场，而是以助教的身份帮助中国女排夺得了冠军。这次经历，让她积累了宝贵的执教经验。

在老一代运动员退役之后，中国女排迎来一段低谷期。1992年巴塞罗那奥运会，中国女排仅获第7名。"祖国真的需要你！"听到这样的召唤后，郎平毅然决定重回女排，担起重任。1995年

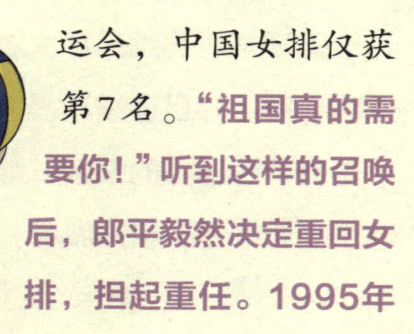

2月，郎平勇敢拿起教鞭，执教低谷中的中国女排。

先进的执教理念，加上一如既往的努力，让郎平在教练岗位上同样表现出色。上任不久，她就带领中国女排拿下世界杯铜牌。1996年亚特兰大奥运会，郎平率领中国女排拿到银牌。一年多的时间内，中国女排成功走出低谷。

1998年，郎平又率领中国女排拿下世锦赛亚军和亚运会冠军。正是凭借郎平的力挽狂澜，中国女排重新站在了世界女排强队的行列。

然而，球员时代就满身伤病的郎平在执教过程中身体状况不断恶化，甚至一度晕倒。1999年，她辞去了中国女排主教练的职务。

辞职后的郎平，又前往国外努力积累经验，拓宽视野。2009年，她回国执教广东恒大女排，率队在国内赛场屡创辉煌。

2012年伦敦奥运会，中国女排无缘四强。2013年，郎平义不容辞地做出了与18年前相同的决定，再次执教低谷中的中国女排。

郎平竞聘主教练时，她的竞聘报告标题叫作《传承女排精神，走出低谷，再创辉煌》。当选主教练后，她也确实践行了这个承诺。

回归之后，她采用了全新的带队思路，在联赛中挑选合适的女排人才，并且通过扩大国家队集训规模的方式，考察和锻炼更多球员，让球队各个位置实力更加均衡。

她不遗余力地在各个赛场奔走，寻觅可塑之才。她如母亲般体贴，自掏腰包给队员买蛋白粉、发春节红包。

在郎平的努力之下，朱婷、袁心玥、张常宁等一批年轻队员，如雨后春笋般涌现，中国女排也在低谷中迎来了勃勃生机。2015年世界杯，年轻的中国女排一路高歌猛进拿到冠军。执教中国女排以来，郎平收获了首个"三大赛"的冠军。

再夺冠军！
郎平创史诗神迹

2016年里约奥运会，郎平和中国女排的姑娘们演绎了一段广为传颂的佳话。1/4决赛面对东道主巴西队，无人看好中国女排。但郎平要求队员们要和对手血拼，无论成功与否，都要让巴西队知道，想过中国女排这一关不容易。

对阵巴西队的首局，中国女排15比25失利，次局又一度以18比21落后，此时的郎平果断换人，她派上了"重炮手"刘晓彤。刘晓彤的进攻势大力沉且让对手捉摸

不透，最终中国女排以3比2的总比分赢下了比赛。

半决赛面对荷兰队，郎平力排众议选入大名单的小将龚翔宇，发挥了极其重要的作用，成为中国队闯入决赛的功臣。决赛对阵塞尔维亚队，郎平在最后关键时刻换人，被换上场的张常宁用一记刁钻的发球，迫使对手垫球过网，惠若琪一击制胜。

在里约奥运会的征程中，郎平将自己的执教功力展现得淋漓尽致。**她让这支不被看好的中国女排爆发出了惊人的战斗力，也实现了自己在运动员和教练员时代都拿到奥运冠军的壮举。**

挥泪告别!
郎平转身留下耀眼辉煌

2016年里约奥运会夺冠之后,郎平又率领中国女排拿到2019年世界杯的冠军。作为运动员和教练员,郎平总共拿到了四个世界杯冠军。

2020东京奥运会(因疫情原因延期至2021年举办)中,因为朱婷的受伤,中国女排在小组赛就遗憾出局。**最后一战赛后,中国女排的姑娘们都哭成了泪人。在《阳光总在风雨后》的背景音乐中,郎平与她们一一拥抱。**

对于失利,郎平扛起了全部的责任,她哽咽着说:"感谢全国的球迷,也跟他们说一声对不起,(我们)确实没打好……我的工作还是没有做好,没有做到位,但是球迷一直不离不弃,非常感谢他们。"

2021年9月,郎平卸任中国女排主教练,留下了两个世界杯冠军和一个奥运会冠军的辉煌战绩。球员时代的四连冠之后,她又在中国女排的荣誉簿上写下了浓墨重彩的新篇章。"**女排精神不是赢得冠军,而是有时候知道不会赢,也竭尽全力,是你一路虽走得摇摇晃晃,但站起来抖抖身上的尘土,依旧眼中坚定。**"郎平对于女排精神的解读,也生动地诠释了她的排球生涯。

她是横空出世的超级新星,助中国女排重返世界之巅;她是势如破竹的排坛巨星,帮助中国女排再夺奥运金牌;她是所向披靡的女排王者,闪耀欧洲化身"荣誉收割机"。她是朱婷,女排世界里无可置疑的最强主攻。

第五章

最强主攻
——朱婷

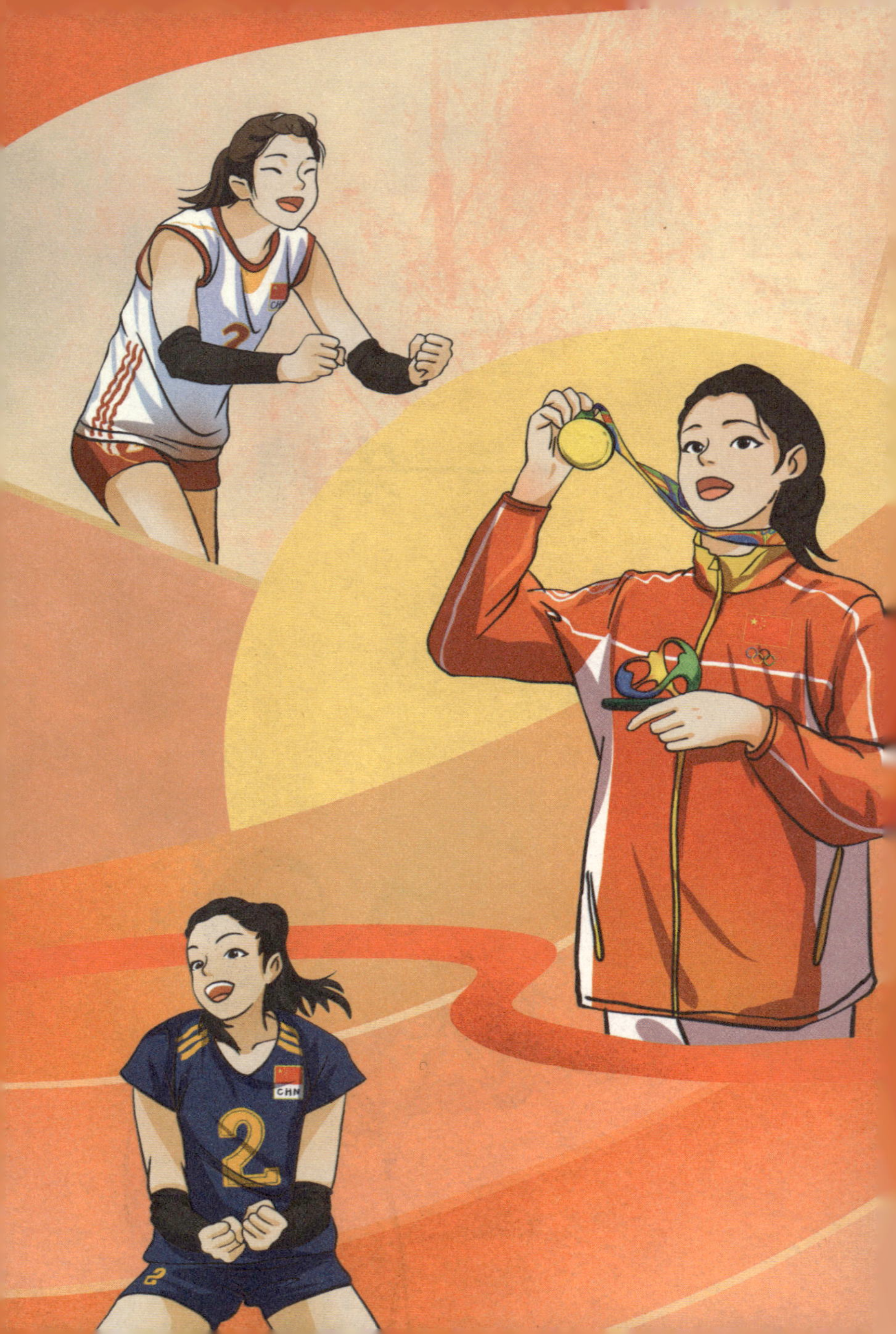
CHN
2

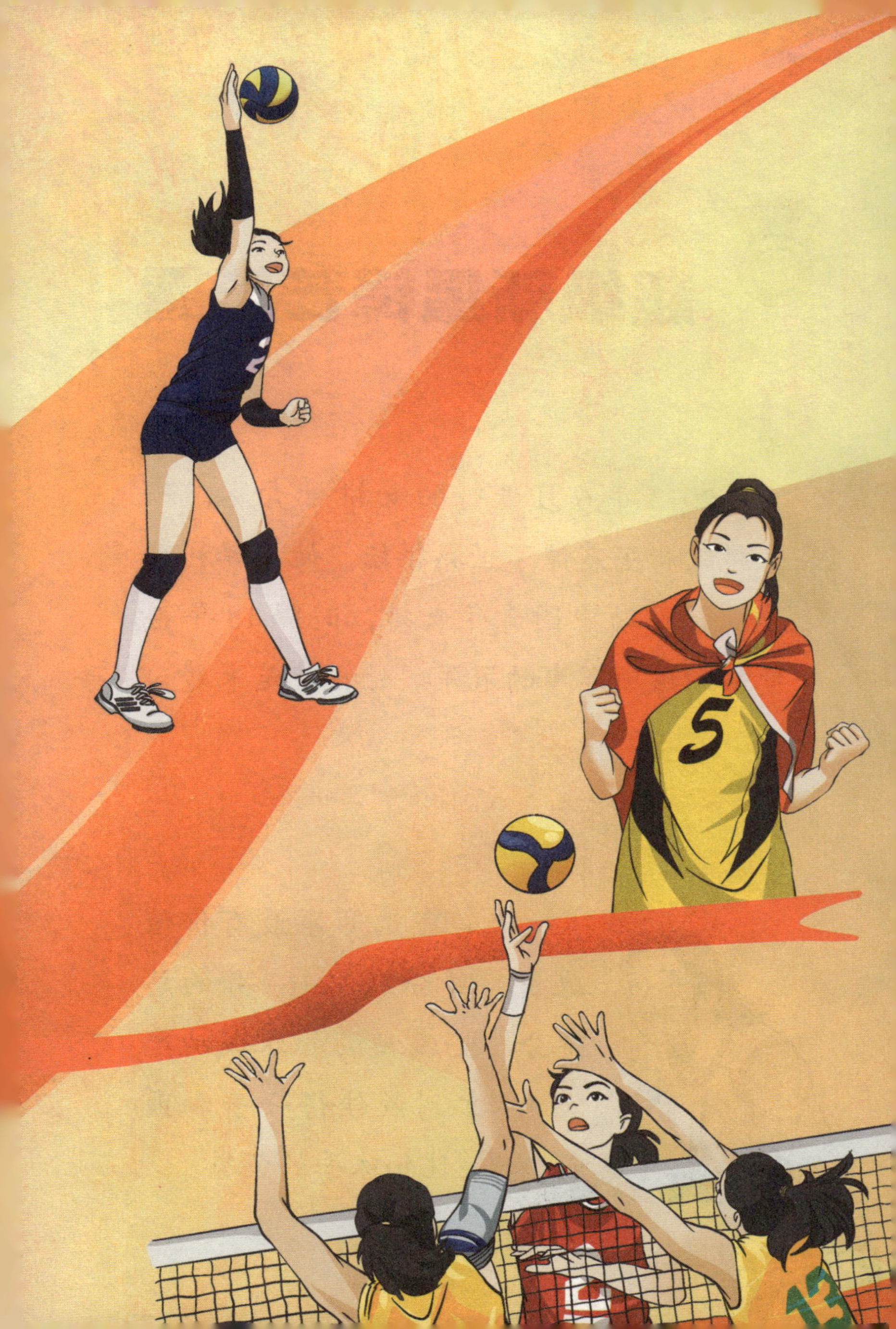

横空出世！
超级新星锋芒毕露

2013年6月进行的女排世青赛，一位超级新星震惊了世界排坛。她用犀利的进攻，帮助中国青年女排，时隔18年再度拿到该项赛事的冠军。她，就是朱婷。

彼时只有18岁的朱婷，帮助中国青年女排一路强势挺进，豪取八连胜且一局未丢，最终拿到世青赛冠军。

朱婷当选赛事最有价值球员，并分别以167分的总得分、53.36%的扣球成功率拿到最佳得分手和最佳扣球手的荣誉。

赛后,国际排联称朱婷为"Megastar"(超级巨星)、"Incredible power"(不可思议的力量),盛赞朱婷在场上的表现。

2012年伦敦奥运会,中国女排在1/4决赛中不敌日本队,以并列第5名的成绩结束了奥运之旅。2013年4月,郎平成为中国女排的主教练。朱婷的横空出世,对于低谷中的中国女排而言,是一剂宝贵的强心针。

世界冠军！
朱婷率队重回巅峰

凭借在国青队的出色表现，朱婷顺理成章地进入国家队，成为郎平麾下的最强主攻手之一。依靠自己的苦练和郎平针对性的指导，朱婷这块璞玉迅速成长。进攻端，她的线路更加丰富；防守端，她的表现更加全面。

2015年女排世界杯，朱婷又一次震惊世界排坛。这届世界杯，中国女排打了11场比赛，取得10胜1负的战绩，朱婷出战了其中7场，这7场比赛，朱婷6次成为中国队得分王。整届赛事，朱婷共得到141分，在缺席了4场比赛的情况下，总得分仍然高居全部参赛球员中的第9位。

最后两场关键战，朱婷在对阵俄罗斯队的比赛中得到29分，对阵日本队的比赛中拿下27分，成为中国女排夺冠的大功臣。

凭借如此稳定且强劲的发挥，朱婷毫无悬念地当选2015年女排世界杯最有价值球员，成为继孙晋芳和郎平之后，又一位获此殊荣的中国女排队员。

朱婷帮助中国女排重夺世界冠军，中国女排新一代的领军人物也呼之欲出。接下来，她将走向更加辉煌的荣耀之旅。

催泪师徒!
朱婷不负郎平期待

2016年里约奥运会,朱婷迎来了自己的首届奥运会。中国女排在小组赛阶段接连遇挫,勉强以小组第四名晋级。而淘汰赛首轮,她们就遇上了上一届奥运会冠军巴西队,全队气氛压抑,朱婷更是压力倍增。**比赛前,朱婷收到了郎平发来的信息:"朱,我带过的运动员有很多,你是这之中最令我骄傲的!只要站在球场上你就是最棒的!"**

这条短信让朱婷热泪盈眶,她带着郎平的期待走上赛场,打出了职业生涯的代表作之一。

中国女排首局15比25惨败，第二局战至23比23的关键时刻，朱婷挺身而出。她用一次重扣和一次关键拦网，帮助中国女排逆转赢下第二局。

四局过后，双方战平，比赛进入决胜局，在中国女排再赢1分就将赢得比赛之时，郎平叫了暂停。她以朱婷为核心布置了最后一球的战术。

朱婷没有辜负郎平的期待，她用一记飞身重扣终结了比赛，帮助中国女排缔造了"史诗级"的逆转。此役，朱婷拿到28分，冠绝全场。

绝境之中，被郎平寄予厚望的朱婷，勇敢地扛起了领袖的责任。

奥运冠军！
无可争议的王者

愈战愈勇的朱婷和中国女排，在半决赛中迎战荷兰队。这场半决赛，朱婷再次打出了足以镌刻在世界排坛历史上的表现。她独得33分，仅扣球一项就拿到31分，她用无懈可击的重扣摧毁了荷兰队的防线。

比赛中还有一个有趣的小插曲：朱婷面对严防死守，连续三次进攻未果，当她第四次跃起重扣，终于打穿对手防线得分之后，朱婷霸气地摇了摇手指。透露着"王之蔑视"的朱婷用一场酣畅淋漓的个人进攻秀，率中国女排挺进决赛。

决赛中，第三局的关键时刻，朱婷再

次挺身而出。她用一记重扣和一次发球得分，让对手的努力付诸东流，中国女排拿下了一局关键的胜利。

最终，凭借朱婷狂轰25分的完美发挥，中国女排以总比分3比1击败塞尔维亚队，时隔12年再夺奥运冠军。

整届奥运会，朱婷拿到所有球员中的最高得分179分。奥运会的8场比赛，朱婷每场都是中国女排的得分王，她毫无悬念地收获了最有价值球员和最佳主攻手两个奖项。

生涯巅峰!
朱婷成"荣誉收割机"

2016年里约奥运会之后,朱婷开启了自己的"留洋生涯",她前往土耳其,为土耳其女排超级联赛的瓦基弗银行队效力。全新的挑战依旧难不倒天赋与勤奋并存的朱婷,她在欧洲俱乐部的比赛中仍然闪闪发光。**2016—2017赛季女排欧洲冠军联赛,朱婷荣获最有价值球员奖。随后的女排世俱杯,她再度荣获最有价值球员奖。**

2017—2018赛季,朱婷更是收获满满。她不仅帮助瓦基弗银行队拿下土耳其超级杯、土耳其杯、土耳其联赛、欧冠联赛和世俱杯冠军,更是当选了其中三项赛事的最有价值球员。

在国家队层面,朱婷的表现同样亮眼,2018年雅加达亚运会,她帮助中国女排时隔8年再度拿下冠军。

国外高水平联赛的历练,让朱婷步入职业生涯的巅峰。2019年,朱婷将领衔中国女排征战女排世界杯。

再登巅峰！
朱婷助中国女排卫冕

这届女排世界杯的收官日是 2019 年 9 月 29 日，临近庆祝中华人民共和国成立 70 周年大会。中国女排在朱婷的帮助下豪取 11 连胜，实现女排世界杯的卫冕，为祖国献上了一份生日大礼。世界杯中，朱婷得到 178 分，再次当选最有价值球员。

2020 东京奥运会，朱婷被选为中国体育代表团开幕式旗手，成为夏季奥运会中国体育代表团历史上首位开幕式女旗手。 但她的伤病给这次奥运征途留下了遗憾。2017 年，朱婷右手腕意外受伤。但因为赛程密集，她没有选择做手术。东京奥运会前，朱婷为了全队磨合的需要，选择继续保守治疗。手腕的伤势让朱婷每次扣球都带着疼痛。核心队员受伤，中国女排的整体表现也不尽如人意，最终她们折戟小组赛。

再战奥运虽然留下遗憾，但无论是在国家队还是在俱乐部中，健康的朱婷都是场上耀眼的存在，昔日的璞玉早已成为世界排坛的传奇。在中国女排新的攀登征程中，朱婷是耀眼的、无可替代的绝对核心。

辉煌奠基人袁伟民，从无到有缔造中国女排荣耀征程，他是"功勋传奇"；"微笑教头"陈忠和，奉命于危难之间，率中国女排重回巅峰，他是勤勉楷模；冠军二传手冯坤，她是中国女排的"最强大脑"；"三朝元老"魏秋月，她是中国女排的"定海神针"；"最美队长"惠若琪，她是中国女排的坚忍斗士……正是无数传奇写下的不朽篇章，铸就了中国女排的辉煌征程，这是一段有热血也有英雄泪，有荣耀也有遗憾的壮阔征途。

伟大传承
——中国女排英雄

辉煌奠基人
——"功勋传奇"袁伟民

中国女排是中国体育的一面旗帜。这面高高飘扬的旗帜之下，有一位传奇式的奠基人，他就是袁伟民。1976年，正是他组建了全新的中国国家女子排球队。往后的岁月，也正是他率领球队日积跬步、不断前进，最终缔造了中国体坛的一段佳话。

运动员时代，担任二传手的袁伟民就以战术多变、头脑灵活著称。成为中国女排主教练之后，袁伟民更是将这样的特点发挥得淋漓尽致。

为了让中国女排在短时间内迅速成为世界强队，袁伟民想尽了办法。苦练自然是不可避免的，但方法也同样重要。他挑选男排运动员，让他们担任中国女排的陪练。中国女排在日常训练中，面对的都是速度更快、力量更强的男运动员，到了国际赛场，面对国外的女运动员，自然是应对自如。

1981年，袁伟民率队征战世界杯。中国女排一路高歌猛进，在最后一场比赛结束前便提前锁定了冠军。提前夺冠后，女排姑娘们在场上有些松懈，正是袁伟民严肃指出问题，才让她们重新找回了状态。最终，中国女排以七连胜的不败战绩，昂首拿到世界杯的冠军。这场传奇式的胜利，可谓对袁伟民执教生涯最鲜明的诠释。他用在任何时候都一丝不苟、倾尽全力的态度，换回了中国女排在世界大赛中的战无不胜。

此后，袁伟民又分别在1982年女排世锦赛、1984年洛杉矶奥运会，率领中国女排拿到冠军，一举实现了排球"三大赛"的三连冠。他不仅是当时第一个获得"三大球"世界冠军的中国教练，至今仍然是唯一获得过"三大球"三连冠的中国教练。

袁伟民带领中国女排取得了辉煌的成就，其影响力超出了体育本身，中国女排的胜利鼓舞和激励了那个时代的中华儿女，走向世界，追寻辉煌。

他是中国女排辉煌的奠基人，他是中国体育的传奇。

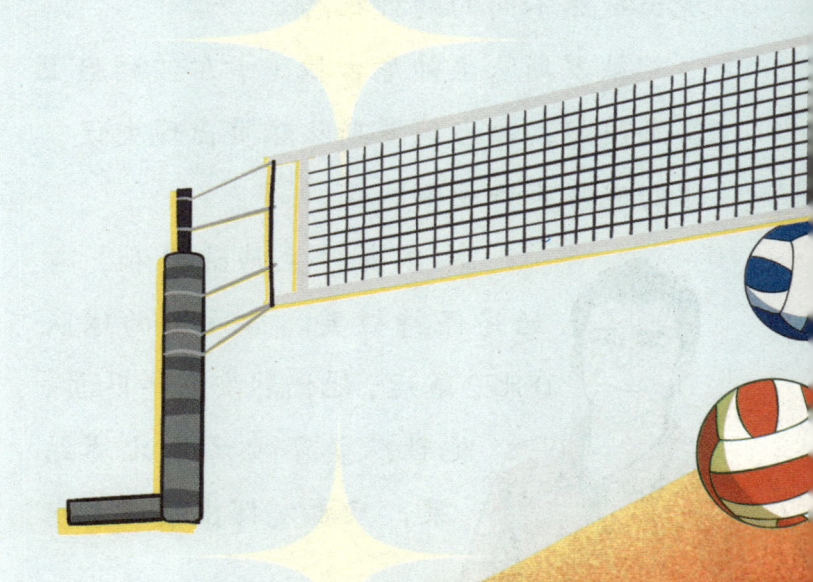

不惧艰难
——"微笑教头"陈忠和

当地时间2004年8月28日,雅典奥运会女排决赛的赛场,中国女排与俄罗斯队展开激烈交锋。赛场上,双方主教练呈现出截然不同的两种状态。

俄罗斯队主帅尼古拉·卡尔波利脸上写满愤怒,每当俄罗斯队球员出现失误,他的咆哮声都响彻球馆。

中国女排主帅陈忠和,却始终保持微笑。尽管他的球队0比2落后,他仍然安抚着队员,他让队员不要考虑比赛结果,只要发挥出技战术水平就行。陈忠和的微笑似乎给了中国女排力量，前四局过后，她们顽强地将总比分扳至2比2。

而到了决胜局，中国女排完全打出了气势，在一次拦网得分后，中国女排以14比11率先拿到赛点。尽管俄罗斯队在此之后追回1分，但是随着张越红的一记重扣得分，中国女排以15比12拿下决胜局。

最终，中国女排3比2逆转战胜俄罗斯队，陈忠和再也压抑不住自己的情感，他激动地和队员们相拥，这个冠军是对他过去3年多倾情付出的最佳回报。

受困于身高劣势，陈忠和在运动员生涯并没有太出彩的表现。但他头脑灵活，善于学习，最重要的是特别能吃苦。这些特质让陈忠和成为"有准备的人"，他也抓住了宝贵的机会。

1976年，袁伟民重组中国女排并挑选男运动员做陪练，陈忠和便成为其中的最佳陪练。每天他都要发球上千次，肩膀肿胀到抬不起来。白天训练，晚上他还要看录像。他能模仿众多世界顶级女排运动员的打法，给中国女排带来最好的"实战训练"，队员们都亲切地称他为"小陈指导"。他是女排五连冠辉煌的见证者，更是"无名英雄"。

21世纪初，当中国女排陷入低谷时，"小陈指导"挺身而出，他无惧压力扛起重担，倾其所有地付出。执教中国女排的八年时光里，

他只给自己放过一天假。他全身心地投入教练工作中，最终换回了中国女排重登巅峰的荣耀。

无论在生活中，还是在赛场上，陈忠和都是乐观的，他笑迎所有的挑战和磨难。

"我喜欢老家的大榕树。"来自福建的陈忠和，就像一棵大榕树。他韧性十足、屹立不倒，他经得住锤打，也受得住考验。

冠军二传手
——"最强大脑"冯坤

2000年悉尼奥运会，中国女排陷入低谷，仅获得第5名。当陈忠和接手这支球队时，他面临巨大的挑战。相较于欧美顶级强队，中国女排的整体身高有限，"网上硬实力"不及对手。

穷则思变，陈忠和为中国女排设计了更为丰富的战术、打造了更为快速的进攻体系，但这一切都需要球队中拥有一个"灵活的大脑"，能做好组织和进攻的分配。

二传手冯坤，便是陈忠和

选中的"大脑"。

二传手在场上最大的作用是组织进攻，为进攻球员提供"炮弹"。冯坤却是个非典型的二传手——她拥有1.82米的身高和出色的弹跳，不仅能传球，还拥有一定的强攻实力和极强的拦网能力。

在陈忠和的战术体系中，冯坤扮演了重要的角色。她需要在场上电光石火之间，判断对方的防守策略，进而做出进攻选择，用尽可能快的速度，弥补中国女排高度上的不足。

极度勤勉的刻苦训练，让冯坤迅速成长。她没有辜负陈忠和的期待，不仅成为中国女排快攻体系中的重要发起点，还与队友构建起"中国长城"，在场上频频依靠拦网取分。

2003年女排世界杯，中国女排一路高歌猛进拿到冠军，冯坤当选最佳二传手。2004年雅典奥运会，中国女排逆转战胜俄罗斯队登顶。那支中国女排，每个人都发挥了不可替代的作用。最终，身为"球队大脑"的冯坤当选最有价值球员和最佳二传手。

提及2004年雅典奥运会女排决赛，很多人可能记住了张越红的最后一击、记住了中国女排的惊天逆转，却忽视了冯坤单场比赛通过拦网拿到8分，成为俄罗斯队在"网上"不可逾越的一座高墙。

在世界杯和奥运会的赛场上都拿下最佳二传手的荣誉，还成为奥运会最有价值球员，

冯坤缔造了极其辉煌的职业生涯。正是在她的调度之下，中国女排在身高劣势明显的情况下，依旧能够凭借出色的进攻组织，屹立于世界顶级强队之中。

"定海神针"
——"三朝元老"魏秋月

2015年女排世界杯末轮,中国女排在对阵日本队的比赛中迎来冠军点,再赢一球便可以拿下比赛。此时郎平做出了一个极其暖心的举动,她用魏秋月替换了丁霞。魏秋月还处在手术恢复期,在本届世界杯中还没有出过场。

最终,在魏秋月的组织下,中国女排拿下了最后一分,她也终于拿到了苦盼已久的世界冠军。郎平这次暖心的换人，是给魏秋月多年坚持的最好嘉奖。

1988年出生的魏秋月，颇有些"生不逢时"的遗憾。魏秋月职业生涯的巅峰，未能和中国女排的巅峰重合。2008年她作为小将参加了北京奥运会，最终收获一枚铜牌。2012年她作为队长参加了伦敦奥运会，最终折戟1/4决赛。

尽管她拥有出色的个人能力，却依旧无法改变中国女排陷入低谷的事实，魏秋月的沮丧不言而喻。

2013年，郎平重执中国女排教鞭，成为魏秋月职业生涯的转折。饱受伤病困扰的她，在2014年底选择做手术。为了能尽快重返赛场，她极其刻苦地进行恢复训练。尽管2015年她的状态还没有恢复到最佳，但郎平看重她在二传手位置上的经验，于是将她带到了世界杯的赛场上，魏秋月也终圆世界冠军梦。

2016年里约奥运会，魏秋月第三次登上奥运会的赛场，此时的她已经是年近28岁的老将。她和丁霞作为郎平的两个王牌二传手，极大地丰富了球队的战术选择，也成为中国女排能够夺冠的重要因素。郎平能实施多变的战术，正是得益于她拥有两名极其出色且状态稳定的二传手。

而魏秋月能够重返赛场，也离不开郎平的鼓励，郎平曾对魏秋月说："我相信你一定会努力地康复，你还有时间，今年不行还有明年,我们等你,你一定可以的。"

低谷和伤病并没有击倒这位昔日的女排队长,当第三次站上奥运赛场时,她已然成为中国女排的"定海神针"。而收获曾经苦盼而不得的奥运冠军,则是对魏秋月多年来不懈坚持的最好回报。

心脏手术打不倒
——女排队长惠若琪

2015年女排世界杯赛前,郎平信心满满。她一手打造了全新的中国女排,她渴望看到弟子们震惊世界。但就在她们即将出征之时,坏消息不期而至。中国女排的队长惠若琪,心脏出现了问题,她必须接受手术,肯定无法出战世界杯。

身高1.92米的惠若琪,拥有出色的身体条件和全面的技术。2012年伦敦奥运会止步1/4决赛让中国女排陷入低谷,而她用自己的拼搏精神和不屈斗志,支撑着中国女排。

郎平接手球队后,非常认可她的勤勉和努力,任命她为中国女排的队长。然而就在出征世界杯前,惠若琪倒下了。做完手术的惠若琪,回到病房的第一时间就是关心中国女排的世界杯征程。没过多久,她又因为心脏问题进行了第二次手术。此时距离2016年里约奥运会开幕已经没剩多少时日,惠若琪只能与时间赛跑,努力做康复训练。

最终,她在两次心脏手术后康复了,站在了里约奥运会的赛场上。

2016年里约奥运会,惠若琪成为朱婷身边的最佳搭档,也是中国女排中重要的得分点。更为重要的是，火速复出的女排队长，每一次努力地救球、每一次奋力地拼杀，都能让中国女排全队燃起熊熊的斗志。

　　小组赛中对阵美国队的关键一战，惠若琪首发登场拿到14分。半决赛面对荷兰队的四局鏖战，惠若琪又在进攻、拦网、接一传等环节发挥出色，帮助中国队挺进决赛。

　　决赛面对塞尔维亚队，中国女排拿到赛点，再赢1球就能拿下比赛。郎平换上张常宁发球，张常宁刁钻的发球让对手垫球过网，此时高高跃起的正是惠若琪！

　　惠若琪在怒吼之中送上一锤定音的重扣，演绎了完美到无以复加的传奇故事——两次心脏手术打不倒她,与时间赛跑的战斗难不倒她。她顽强恢复,火速复出。她不仅赶上了里约奥运会,还在决赛赛场一击制胜,帮助中国女排拿到冠军。

永远斗志昂扬、永远不服输、永远在倾尽全力的女排队长惠若琪,完美地诠释了女排精神。

致敬
女排英雄谱

在奥运会的赛场上,中国女排曾摘得3金1银2铜,共计6枚奖牌,而在世界杯和世锦赛的征程中,中国女排曾7次夺冠。她们捍卫了中国"三大球"的荣光,创造了无数让人心潮澎湃的奇迹时刻,而女排精神也被一代代传承着,永远绽放着最为耀眼的光芒。谨以英雄谱的方式记录女排的荣耀之旅,致敬每一位中国女排的传奇。

荣耀时刻:1984年洛杉矶奥运会 金牌
教练:袁伟民
成员:郎平、张蓉芳、梁艳、杨晓君、杨锡兰、郑美珠、姜英、侯玉珠、周晓兰、朱玲、苏惠娟、李延军

荣耀时刻:1988年汉城奥运会 铜牌
教练:李耀先
成员:杨锡兰、侯玉珠、姜英、杨晓君、李月明、巫丹、李国君、汪亚军、崔咏梅、赵红、苏惠娟、郑美珠

荣耀时刻：1996年亚特兰大奥运会　银牌

教练：郎平

成员：赖亚文、孙玥、李艳、何琦、王怡、吴咏梅、崔咏梅、诸韵颖、王子凌、潘文莉、刘晓宁、王丽娜

荣耀时刻：2004年雅典奥运会　金牌

教练：陈忠和

成员：杨昊、王丽娜、张越红、赵蕊蕊、刘亚男、陈静、张萍、冯坤、宋妮娜、周苏红、李珊、张娜

荣耀时刻：2008年北京奥运会　铜牌

教练：陈忠和

成员：冯坤、魏秋月、杨昊、王一梅、李娟、赵蕊蕊、薛明、马蕴雯、徐云丽、周苏红、刘亚男、张娜

荣耀时刻：2016年里约奥运会　金牌

教练：郎平

成员：袁心玥、朱婷、杨方旭、龚翔宇、魏秋月、张常宁、刘晓彤、徐云丽、惠若琪、林莉、丁霞、颜妮

荣耀时刻：1981年日本女排世界杯　金牌

教练：袁伟民

成员：张蓉芳、郎平、梁艳、孙晋芳、周晓兰、陈招娣、周鹿敏、杨希、朱玲、陈亚琼、曹慧英、张洁云

荣耀时刻：1982年秘鲁女排世锦赛 金牌

教练：袁伟民

成员：孙晋芳、郎平、梁艳、曹慧英、杨希、周晓兰、杨锡兰、陈亚琼、姜英、陈招娣、郑美珠、张蓉芳

荣耀时刻：1985年日本女排世界杯 金牌

教练：邓若曾

成员：郎平、姜英、梁艳、杨晓君、杨锡兰、郑美珠、侯玉珠、殷勤、林国清、李延军、苏惠娟、巫丹

荣耀时刻：1986年捷克斯洛伐克女排世锦赛 金牌

教练：张蓉芳

成员：杨晓君、郑美珠、侯玉珠、梁艳、巫丹、姜英、杨锡兰、殷勤、李延军、苏惠娟、刘玮、胡小凤

荣耀时刻：2003年日本女排世界杯 金牌

教练：陈忠和

成员：杨昊、王丽娜、张越红、赵蕊蕊、刘亚男、陈静、张萍、冯坤、宋妮娜、周苏红、李珊、张娜

荣耀时刻：2015年日本女排世界杯 金牌

教练：郎平

成员：袁心玥、朱婷、沈静思、杨珺菁、魏秋月、曾春蕾、张常宁、张晓雅、林莉、丁霞、颜妮、王梦洁、刘晏含、刘晓彤

荣耀时刻：2019 年日本女排世界杯　金牌
教练：郎平
成员：朱婷、张常宁、刘晓彤、李盈莹、刘晏含、袁心玥、杨涵玉、王媛媛、郑益昕、颜妮、龚翔宇、曾春蕾、姚迪、丁霞、林莉、王梦洁

排球小百科

☆ **历史起源**

排球起源于1895年，由美国人威廉·乔治·摩根发明。起初，排球被称为Mintonette，意为"小网子"。1896年，在美国的斯普林菲尔德学院举行了世界上最早的排球赛，霍尔斯泰德教授在观看了比赛后，根据比赛的特点，提议将其改名为Volleyball，意为"空中飞球"。

1900年左右，排球自美国传入加拿大。1905年，排球传入古巴、巴西、中国等国家，成为一项风靡全球的运动。1947年，排球的最高组织机构国际排球联合会成立，简称国际排联。1949年，国际排联在捷克斯洛伐克举行了第一届世界男子排球锦标赛，1952年，在苏联举行了第一届世界女子排球锦标赛。1964年，排球成为奥运会的正式比赛项目。

☆ 项目介绍

以2024年巴黎奥运会为例，排球属于大项分类，包含室内排球和沙滩排球两个项目，室内排球和沙滩排球都设男子和女子项目。由于使用习惯，在日常生活、资讯报道、内容传播（包含本书）等方面，我们所说的排球比赛通常指室内排球比赛，特殊语境和加限定词的除外。

排球"三大赛"：奥运会排球比赛、世界排球锦标赛以及世界杯排球赛。

奥运会排球比赛：1964年，排球运动首次亮相奥运赛场时，有10支男队和6支女队参加了比赛。而从1996年的第26届奥运会起，国际排联开始规定参赛队伍为男女各12支球队。

世界排球锦标赛：简称世锦赛，是由国际排联主办的时间最早、规模最大的世界性比赛，每四年举办一届，从2005年开始，改为每两年举办一届。

世界杯排球赛：简称世界杯，男子比赛始于1965年，女子比赛始于1973年。1977年开始，经国际排联批准，世界杯排球赛的举办地点固定在日本。1991年开始，世界杯排球赛都在奥运会前一年举行。

☆场地设备

场地要求：场地为长18米、宽9米的长方形，四周至少有3米宽的无障碍区，场地上空高7米内不得有障碍物。场中间横划一条线把球场分为相等的两个场区，所有线宽均为5厘米。

针对不同级别的赛事，国际排联对场地的要求也不同。世界性比赛场地边线外的无障碍区宽5米，端线外的无障碍区宽6.5米，比赛场地上空的无障碍空间至少高12.5米。

球网要求：场地中线上空架有球网。网宽约1米、长约9.5米，挂在场外两根网柱上。女子比赛网高2.24米，男子比赛网高2.43米。

排球要求：用皮革或人造革做壳，橡胶做胆，周长为65～67厘米，重量为260～280克，气压为0.30～0.325千克/平方厘米。

☆场上球员

排球比赛中，球员包括：主攻手，副攻手，二传手，接应二传手和自由人。在比赛过程中，每队可以同时上场6名球员。自由人如果登场，可以在比赛中灵活替换处在后排的其他球员，且换人次数不受限制。

主攻手：主要负责进攻，包括扣球和突破对手防线。要求球员身材高大，弹跳力强，拥有强劲的扣杀能力，擅长强攻和突破对方的防御。代表球员有郎平、朱婷、张常宁等。

副攻手：主要负责拦网和进攻，利用高度和速度突破对手防线。进攻上以快攻为主，一般要求球员身材高大，动作敏捷，具备较强的变向移动能力。代表球员有赵蕊蕊、袁心玥、颜妮等。

二传手：主要负责接发球后组织进攻，移动快速、传球精准是一个二传手的必备素质。要善于随机应变，组织队友间的配合，以及组织本队的进攻力量。代表球员有孙晋芳、冯坤、魏秋月等。

接应二传手：主要负责在二传手无法组织进攻时进行传球，并在球场右侧进攻，同时积极参与球队的防守和接发球，堪称排球场上最全面的位置。代表球员有邱爱华、周苏红、龚翔宇等。

自由人：主要负责加强球队的防守，通常穿不同颜色的球服，需要具备出色的反应速度和灵活的移动能力。自由人在场上任何位置都不能以高于球网的触球位置将球处理到对方场地，也不可以发球。代表球员有张娜、张娴、林莉等。

本书所有数据统计截至2024年巴黎奥运会开赛前。

图书在版编目（CIP）数据

中国女排 / 柳建伟主编 . -- 北京：北京时代华文书局, 2024.7.
ISBN 978-7-5699-5568-2

Ⅰ . K825.47

中国国家版本馆 CIP 数据核字第 2024L96J70 号

Zhongguo Nüpai

出 版 人：陈 涛
总 策 划：董振伟　直笔体育
责任编辑：马彰羚
执行编辑：黄娴懿　孙沛源
特邀编辑：李 天　王 婷
责任校对：畅岩海
装帧设计：程 慧　迟 稳　赵芝英
插画绘制：杨 艺
责任印制：訾 敬

出版发行：北京时代华文书局 http://www.bjsdsj.com.cn
　　　　　北京市东城区安定门外大街 138 号皇城国际大厦 A 座 8 层
　　　　　邮编： 100011　电话： 010-64263661　64261528

印　　刷：三河市嘉科万达彩色印刷有限公司
开　　本：787 mm×1092 mm　1/32　　成品尺寸：130 mm×190 mm
印　　张：3.75　　　　　　　　　　　字　　数：36 千字
版　　次：2024 年 7 月第 1 版　　　　印　　次：2024 年 7 月第 1 次印刷
定　　价：29.80 元

版权所有，侵权必究
本书如有印刷、装订等质量问题，本社负责调换，电话：010-64267955。